RÉPONSE

A cette question :

QUELS SONT LES MOTIFS QUI DOIVENT INTÉRESSER LES PEUPLES DE LA CHRÉTIENTÉ A LA CAUSE DES GRECS ?

DISCOURS

AUQUEL

L'ACADÉMIE ROYALE DE LYON A DÉCERNÉ UNE MÉDAILLE,

Dans sa Séance publique de Septembre 1827;

Par

M. P. Benoit,

MEMBRE DU JURY MÉDICAL DU DÉPARTEMENT DU RHÔNE,

PRÉSIDENT DE LA SOCIÉTÉ DE PHARMACIE DE LYON,

MEMBRE DU CERCLE LITTÉRAIRE DE LA MÊME VILLE.

LYON.

IMPRIMERIE DE GABRIEL ROSSARY,

RUE SAINT-DOMINIQUE, N° 1.

———

1827.

RÉPONSE

QUELS SONT LES MOTIFS QUI DOIVENT INTÉRESSER LES PEUPLES DE LA CHRÉTIENTÉ A LA CAUSE DES GRECS?

La Grèce!... à ce seul nom l'ame s'échauffe, l'imagination s'exalte, une foule de sentimens confus vient tout-à-coup assaillir le cœur de tout homme qui pense. Je l'ai à peine prononcé ce nom sacré, et déjà tous mes souvenirs se réveillent, toutes mes idées se confondent; le passé et le présent se heurtent devant moi. Nouvel Epiménide, je m'éveille après des siècles de sommeil : d'un seul regard je distingue à la fois, dans un même tableau, les couleurs brillantes de l'antiquité et les teintes sombres de l'époque actuelle. Je m'étais endormi aux chants de la victoire, au cri de liberté, entouré de splendeur et de gloire, étonné de tous les prodiges que peut enfanter l'esprit humain, et je me réveille frappé de l'image que laisse après elle la servitude. Le cri de liberté se fait encore entendre, des chants de triomphe retentissent parfois à mon oreille, mais ils sont étouffés par les cris de détresse d'un peuple qui se débat violemment dans ses chaines, en appelant l'Europe à son secours. C'est à ce signal de détresse qu'il faut répondre; c'est ce peuple accablé sous quatre cents ans d'abjection et de misère qu'il faut sauver. Ah! jamais, non jamais idée plus noble, plus sublime ne fut conçue; jamais question plus imposante ne fut offerte pour sujet de concours public; jamais pensée plus généreuse ne fut présentée à la méditation de l'écrivain philosophe.

Mais, je dois l'avouer, cette question qui embrasse à la fois la politique, la justice et la morale, la religion et l'humanité, c'est-à-dire tous les fondemens des sociétés perfectionnées : cette question, à laquelle se rattachent l'existence et le bonheur d'une nation entière, plus elle touche à des intérêts sacrés parmi les hommes, plus je m'afflige de la nécessité d'y répondre en présence de la France, ma patrie, au milieu du 19me siècle surnommé le siècle des lumières. Il m'est douloureux de chercher à déduire les motifs qui peuvent intéresser les peuples de la chrétienté à la cause des Grecs, alors que je ne devrais exprimer que la reconnaissance de ces infortunés pour le généreux appui qu'ils avaient droit d'attendre du monde civilisé. Est-ce quand elle s'énorgueillit du triomphe des arts et des sciences, est-ce lorsqu'elle jouit des fruits de la civilisation, que l'Europe devrait mettre en doute si son intérêt est d'accord avec le salut de la Grèce, source première du bonheur des nations? Je ne crains pas de le dire, cette question est la plus sanglante critique que l'on puisse faire de la conduite des gouvernemens. Mais puisque impassibles témoins du massacre des Hellènes, ils assistent froidement à leur agonie sans leur tendre une main secourable, on doit du moins des hommages aux hommes dont la voix généreuse s'élève en faveur de l'humanité, et proteste contre cette cruelle indifférence. Honneur donc, honneur à l'académie qui, la première parmi les sociétés savantes, a fait connaître les nobles sentimens dont elle est animée, et qui en dépit de la honteuse neutralité gardée par la Sainte-Alliance sur les affaires de l'Orient, cherche à ranimer le zèle et le courage des amis des infortunés Hellènes et à exercer une salutaire influence sur les cœurs froids que la pitié trouve fermés à la voix du malheur!

L'intérêt qu'inspire la Grèce, soit que l'on rétrograde vers le passé, soit que l'on s'appesantisse sur le présent, sort du cercle ordinaire des affections qui peuvent exister de peuple à peuple. Sa cause est une cause à part : elle est unique dans les annales de l'histoire. Le cœur s'est prononcé pour elle avant que l'esprit en ait cherché les motifs. C'est par le sentiment que l'Europe éclairée aurait dû être entraînée à secourir les débris de ce peuple héroïque qui nous a ouvert la route de la civilisation. Mais la politique de sa nature est peu sentimentale; c'est par le calcul et le raisonnement qu'elle se détermine; heureux même les Grecs, si, dans ce qui les concerne, la froide raison eût toujours été consultée par les cabinets européens! C'est donc à la raison des hommes d'état qu'il faut que je m'adresse : je vais concilier ici, s'il est possible, le reste de sensibilité qui les pousse à secourir les Grecs et l'intérêt de la diplomatie qui les retient.

Jeter un coup-d'œil sur la nature et la légitimité de la révolution grecque, développer les raisons politiques qui doivent, en général, intéresser les gouvernemens à la cause des Hellènes; terminer par des considérations sur la justice, la morale et la religion, et par quelques autres réflexions qui prennent également leur source dans le cœur humain, telle est la marche que je me propose de suivre dans ce discours.

DE LA RÉVOLUTION DE LA GRÈCE.

Il est peut-être inutile de chercher à prouver la légitimité des efforts que font les Grecs pour reconquérir leur indépendance; car, désirer leur triomphe c'est reconnaître la sainteté de leur cause, et les deux mondes sont d'accord sur ce point. Le temps a fait justice des vaines déclamations de quelques hommes passionnés, sur lesquels la raison n'a point d'empire. On n'ose plus accuser les Grecs d'être les artisans de leurs propres malheurs. Les cris échappés à la conscience du genre humain ont étouffé la voix de leurs calomniateurs. C'est donc moins pour défendre des vérités non contestées que pour poser le principe avant de tirer les conséquences que je m'occuperai de cet objet.

Un peuple qui s'endort sans pouvoir dire : demain le soleil se lèvera sur moi; un peuple qui tient sa vie à bail, et qui chaque année a besoin de se munir d'une permission pour respirer, un tel peuple, dis-je, a toujours le droit de consolider son existence. La Grèce opprimée a demandé à ses oppresseurs la fin de ses misères; les oppresseurs ont répondu par de nouvelles tortures, et elle a pris les armes pour obtenir par la force ce qu'on refusait à ses prières. Voilà, en deux mots, la véritable cause du soulèvement de la Grèce.

La domination musulmane n'a pas d'autre origine que l'emploi de force : le glaive et la destruction devinrent, entre les mains de Mahomet, les fondemens de sa puissance. La mort ou des chaînes, telle est l'alternative qui fut offerte par ce conquérant barbare aux malheureux chrétiens de l'Orient. Est-ce parce que trois siècles de misère ont passé sur leurs têtes, que les Grecs auraient perdu le droit de tourner contre leurs oppresseurs les armes à l'aide desquelles la liberté leur fut ravie? Y aurait-il un temps de prescription pour la tyrannie ? La violence se constituerait-elle en droit par la durée de ses effets? L'esclavage, résultat de la force, n'entraîne pas après lui des obligations pour celui qu'on y soumet. Obéir est sans doute une loi que lui dicte la prudence et le soin de sa conservation, mais ce n'est pas un devoir, et il a toujours le droit de briser ses chaînes, s'il a le courage de braver la mort ou celui de la donner à quiconque est commis à sa garde. Les Grecs ont eu ce courage; ils ont usé d'un droit qu'ils tiennent de la nature pour se défendre contre leurs tyrans. Où est ici le souverain légitime? où sont les sujets révoltés?

L'histoire ne nous apprend pas qu'il y ait jamais eu de transactions entre le peuple vainqueur et le peuple vaincu. On n'aperçoit nulle part de contrat volontaire, à moins qu'on ne veuille envisager comme tel le privilége de l'existence laissée à la nation grecque, à condition qu'elle la rachèterait tous les ans par le fruit de son travail et le cinquième de sa population mâle, population arrachée au christianisme et incorporée dans les janissaires, pour devenir plus tard le fléau de son pays. Si c'est là un traité, c'est un traité de sang que la religion, la justice et l'humanité repoussent avec une égale indignation.

Chez toutes les nations civilisées de l'Europe, les peuples sont soumis à des conditions qui les lient à leurs souverains respectifs, et réciproquement : violer ces conditions c'est devenir rebelle, parce qu'en même temps qu'elles ont été faites dans l'intérêt des masses, elles assurent la fortune et la vie de chaque citoyen. Si tous participent aux charges de l'état, tous jouissent aussi du bénéfice de la loi. Mais les Grecs ont-ils jamais été mis par le grand sultan au rang de ses sujets? ont-ils jamais été appelés à partager, quelque peu désirable quelle soit, la communauté civile et politique dont jouit le reste de la nation turque? non; la Porte aurait cru s'avilir par cet acte de justice, qui, avec le temps peut-être, eut pu lui concilier l'affection des Grecs. Que sont donc ces malheureux sous ce gouvernement barbare? Sous quelque point de vue qu'on l'envisage, leur sort est au-dessous de celui des esclaves; ce sont de nouveaux ilotes, dont la fortune et la vie dépendent du premier sbire coiffé d'un turban.

Je cherche vainement quelle est la nature du traité existant entre les Grecs et leurs oppresseurs. Je me demande si le sang des chrétiens, dont la Grèce a été arrosée depuis des siècles, est le lien politique qui doit les unir à l'empire du croissant? Je me demande si leurs temples profanés, leurs prêtres égorgés sur les marches des autels, peuvent former le traité religieux qui doit les rapprocher des sectateurs de l'islamisme? Je me demande enfin si leurs femmes, leurs enfans arrachés de leurs bras par une soldatesque effrénée, peuvent servir de base à un traité moral pour leur faire chérir cet infâme gouvernement? S'il existe entre les deux nations quelqu'autre rapport caché dont l'humanité ait moins à rougir, qu'on se hâte de me l'apprendre, car l'histoire ne me montre que des victimes et des bourreaux. Les Grecs ont cédé, obéi et payé le tribut, dira-t-on? Oui, ils ont cédé, obéi et payé le tribut, mais comment? Ils ont cédé, comme le nautonier cède à la fureur des tempêtes, et cargue ses voiles pour n'être pas englouti sous les flots.... Ils ont payé le tribut, comme le voyageur donne sa bourse au brigand qui tend une main pour la saisir, et tient de l'autre un poignard appuyé sur son sein. Eh! depuis quand, grand Dieu! la force légitime-t-elle les crimes? depuis quand est-elle un droit? Ah! si jamais elle peut le devenir, c'est lorsqu'elle est sanctionnée par la justice et l'humanité! Oui, les Grecs ont obéi, mais chargés de chaînes mais coiffé du bonnet de raya, mais toujours dans un violent état d'hostilité. Des peuplades même, désertant les pleines fertiles du Péloponèse pour les rochers de l'Épire, n'ont jamais été soumises au joug du vainqueur. La conquête de la Grèce par les musulmans n'a été qu'une longue occupation militaire : la guerre existe entre les deux peuples depuis 400 ans; il fallait peut-être que le tyran de Janina, Ali Tébélen, par ses cruautés inouies fît souvenir les Grecs qu'elle n'était que suspendue. C'est à l'aide des armes qui leur furent jetées par ce vieillard féroce, quand, plus tard il voulut s'affranchir de la domination de la Porte, que les Hellènes ont recommencé la lutte qui cette fois doit mettre un terme à leur existence ou à leur asservissement.

Ces réflexions préliminaires que je pourrais beaucoup étendre, suffisent, je pense, pour convaincre les plus intrépides défenseurs du pouvoir absolu que les Grecs, qui n'ont jamais été sujets par le droit public, sont libres par le droit de nature; et qu'il ne faut pas confondre l'élan généreux d'une nation toute entière qui combat pour défendre sa religion, sa fortune et sa vie, avec ces mouvemens populaires, conçus et dirigés dans l'intérêt de quelques hommes ambitieux et turbulens.

CONSIDÉRATIONS SUR LA POLITIQUE DE L'EUROPE PAR RAPPORT A LA GRÈCE.

Tout éloigne la Turquie du reste de l'Europe : ses mœurs, son gouvernement, sa religion en font une espèce d'anomalie politique au milieu du monde civilisé. Cette nation est la seule qui soit restée stationnaire, malgré le mouvement général qui entraîne les autres peuples vers les améliorations de tout genre. Cette considération a plus d'une fois, dans un autre âge, engagé les souverains à se liguer pour refouler en Asie un peuple barbare qui ne connaît de droit que le droit de la force. Mais la difficulté de s'entendre sur le partage des dépouilles fit, sans doute, avorter un projet dont les résultats probables eussent été des guerres longues et cruelles. Il ne s'agit pas aujourd'hui de former de nouvelles croisades contre la Turquie, et de s'en disputer ensuite les provinces, mais d'aider la Grèce à reconquérir la liberté qu'elle n'aurait jamais dû perdre.

Abordons franchement la question, et examinons rapidement la solidité des raisons qu'on oppose aux prières des Hellènes.

On a dit que pour maintenir l'équilibre politique en Europe, il convenait que l'empire ottoman existât avec toutes ses provinces conquises.

Il y a un siècle, le gouvernement turc pouvait peut-être encore remplir cette indication : il n'avait alors à surveiller qu'un peuple couvert comme lui des ténèbres de l'ignorance et de la superstition, et dont l'existence était pour ainsi dire inconnue de l'Occident. Aujourd'hui tout est changé. Un seul homme, sorti des déserts de l'antique Sarmatie, surmontant les obstacles que lui opposaient le climat, la nature du sol, et luttant de toute la force de son génie contre les vieilles mœurs et l'entêtement de ses sujets, les conduisit violemment à la civilisation. Romulus du nord, le czar Pierre, en transportant en Russie les lois, les arts et les sciences de l'Europe, révéla au monde une puissance future, égale ou supérieure même à celle de Rome païenne. Son règne, préparant celui de Catherine et d'Alexandre, rendit dès-lors, et peut-être pour des siècles, tout équilibre continental impossible. Pierre sentit que pour lutter avec succès contre des ennemis civilisés, il lui fallait des armées à l'européenne, il en créa : et la bataille de Pultava fut le résultat de ses profondes combinaisons.

Si depuis 60 ans les Turcs n'ont pris les armes que pour se faire battre, quelle barrière pourraient-ils opposer aujourd'hui à l'empire russe, qui joint à sa force matérielle tous les avantages qu'entraînent après eux nos arts et nos sciences modernes? Sans lois, sans mœurs, sans force morale et sans armées disciplinées, quel rôle peut désormais jouer la Turquie au milieu de la civilisation? aucun, si ce n'est celui de bourreau vis-à-vis de victimes sans défense; mais ce n'est pas assurément cet emploi que l'Europe lui destine. La Turquie est sans doute encore un vaste empire, un colosse effrayant par ses dimensions, mais voilà tout : sa base continuellement rongée par la rouille de la superstition et de l'ignorance, est prête à se dérober sous lui, le moindre choc peut l'abattre.

Les cabinets européens auraient dû considérer la révolution de la

Grèce comme un événement favorable à leur politique : il semble qu'elle ait eu lieu dans leurs seuls intérêts et pour être un jour un obstacle aux envahissemens successifs de la Russie. En effet, la Grèce libre et chrétienne, forte de ses jeunes institutions, se régénérant par le courage et la vertu, appelée par sa position et son génie à devenir une puissance maritime, serait plus propre à maintenir la balance continentale que ce vaste empire ottoman qui s'écroule de toute part. Si l'anarchie est toujours le résultat inévitable de tout gouvernement fondé sur la violence et l'injustice ; que deviendra la Turquie ? que devient-elle déjà ? tout n'annonce-t-il pas qu'au lieu d'obéir à un seul despote, elle aura bientôt à gémir sous une multitude de tyrans, contre lesquels la Grèce pourrait être un jour d'une grande utilité à l'Europe ? Elle deviendrait, si je puis m'exprimer ainsi, la sentinelle armée de la chrétienté.

D'ailleurs, en suivant le développement de l'insurrection des Hellènes, depuis son origine jusqu'à nos jours, en réfléchissant au caractère des deux peuples qui s'égorgent, tout homme jugeant sans passions, sera convaincu que l'existence de la Grèce est toute entière dans la liberté. Pour elle, l'esclavage c'est la mort. Toutefois, je veux admettre par la pensée que cette nation puisse reprendre ses chaînes, croit-on que la Turquie en devînt plus propre à servir de contre-poids aux ambitions particulières de l'Europe ? Le contraire aurait précisément lieu, et elle deviendrait la proie de la première puissance civilisée qui voudrait sérieusement l'attaquer, en offrant aux Grecs l'indépendance pour prix de leur soulèvement. Plus la Porte aurait d'esclaves chrétiens, plus elle aurait d'ennemis à surveiller, et plus les ressorts de son gouvernement s'affaibliraient. Elle est, certes, il faut en convenir, conséquente dans sa politique barbare ; si elle veut exterminer les Grecs, c'est qu'ils ne peuvent plus être asservis. On a donc à choisir entre la Grèce libre, civilisée et chrétienne, et la Grèce devenue le tombeau de ses enfans et le repaire des brigands de l'Asie et de l'Afrique ; car, dans la supposition heureusement gratuite que je viens de faire, voilà les voisins que la Porte destine à l'Europe.

La crainte de compromettre la paix générale, et je ne sais quelle haine invétérée pour tout ce qui tend à améliorer le sort de l'espèce humaine, ont empêché la diplomatie d'intervenir dans les affaires de l'Orient. Il est telles puissances qui redoutent pour elles le contact d'un peuple combattant pour reconquérir sa liberté. Cette liberté, qui mieux comprise de nos jours, n'est que l'expression des besoins de la société, leur fait peur : au lieu de la diriger dans l'intérêt commun des rois et des sujets, on la comprime, on l'étouffe partout et sous quelque forme qu'elle se montre. De là ce système d'immobilité si laborieusement conçu et suivi avec tant de persévérance par la Sainte-Alliance. Mais ce système repose-t-il sur des bases bien solides? Peut-il même atteindre le but que l'on se propose? Je ne le pense pas. Déjà un des ressorts propre au mouvement rétrograde ou circulaire, j'allais dire *stationnaire*, de cette machine politique lui manque. L'Angleterre a déclaré qu'elle ne s'associerait pas plus long-temps au projet insensé de circonscrire la civilisation. Sa conduite en Portugal annonce quelle n'est point effrayée par le mot de constitution. D'un autre côté, cette paix à laquelle la plupart des gouvernemens semblent s'attacher comme à leur ancre de salut; cette paix à laquelle des milliers de Grecs ont été sacrifiés, n'en est pas mieux assurée pour cela. Chaque jour le repos de l'Europe est mis en question! que d'ambassades, que d'efforts n'a-t-il pas fallu depuis quelque temps, pour faire entrer le nouveau czar dans la route suivie par son prédécesseur, et l'empêcher de faire franchir le Pruth à ses innombrables soldats? C'est en vain qu'on a soulevé la Perse contre lui pour faire diversion à son système d'envahissement du côté du midi oriental. Cette guerre est un jeu d'enfant pour la Russie; rien n'est changé : les choses sont aujourd'hui ce qu'elles étaient hier; un seul mot de l'autocrate du nord peut engloutir la Grèce dans ses vastes possessions. Jamais époque ne fut plus favorable à l'accomplissement des projets de Catherine; l'ambition peut se couvrir du manteau de la religion et de la pitié, pour s'asseoir sur le trône de Byzance depuis si long-temps convoité. C'est

au reste de l'Europe à prévenir cet événement qui aurait pour elle d
conséquences aussi funestes qu'incalculables.

La diplomatie avait une conduite à la fois plus saine et plus générei
à tenir pour maintenir le repos en Europe, et sauver les Grecs de
fureur des barbares. Une volonté commune, fortement exprimée au ni
des monarques chrétiens eut suffi et suffirait encore pour remplir
double objet. La Grèce serait libre et la Russie sans motifs pour d
ployer l'étendard de la guerre. Mais les hommes qui tiennent le tim
des affaires semblent, dans la question qui nous occupe, avoir pris
seuil de leur palais pour les bornes de l'horizon politique; la crai
d'une rupture (impossible en suivant la marche que je viens d'ini
quer) leur a fait tout sacrifier au moment présent, alors qu'ils devaie
bâtir pour des siècles. Le prix de leurs efforts politiques se réduit à
paix d'un jour, et ils se croient et je les crois assez payés! Sans dot
la paix est un grand bien pour les peuples; c'est par elle que le coi
merce et les arts, élémens de la force des empires, font de continui
progrès; mais c'est parce que ses bienfaits sont immenses, que les homn
d'état ne doivent pas, en supposant même une rupture possible, sac
fier au repos d'un moment, un siècle d'avenir qui se grossit d'orag
Ils doivent se hâter d'étouffer les semences de discorde qui germent di
l'Orient, s'ils ne veulent pas rendre les générations qui s'élèvent victin
de leur imprévoyance et de leur impéritie.

Opposerait-on à mes craintes la modération de l'empereur de Russ
Je suis loin de la nier : je sais que jusqu'ici il s'est peu écarté de la roi
suivie par son auguste frère; et certes, il faut savoir gré de la modéi
tion à qui peut tout entreprendre. Mais il commande à des peuples i
core éloignés de ce degré de perfection, où l'on soumet avec indifférei
ses principes théologiques aux calculs d'une politique étroite; chez i
c'est un besoin du cœur, et Nicolas pourrait bien être entraîné par
fanatisme religieux (qui cette fois du moins serait d'accord avec l'hui
nité) à prendre ses coréligionnaires sous sa protection immédiate :
dans ce cas, que deviendrait, je le demande, le repos de l'Europe? L'

gleterre, la France, l'Autriche, etc., verraient-elles avec indifférence la Russie déjà si formidable par la réunion de la Pologne à son vaste territoire, s'emparer encore des îles de l'Archipel, et devenir ainsi maîtresse absolue du commerce maritime de l'Orient. L'Autriche surtout, dont l'acharnement à poursuivre les Grecs est difficile à expliquer, et qui la première aurait dû leur offrir l'indépendance pour les soustraire à l'influence du czar, afin que ces provinces ne soient pas un jour enclavées dans celles de la Russie; l'Autriche n'ouvrira-t-elle pas enfin les yeux sur les conséquences de sa fausse politique? La guerre qu'on a craint d'allumer en secourant la Grèce, deviendra générale du moment qu'une seule puissance, celle du nord, voudra se rendre l'arbitre de sa destinée. Par quelle fatalité, lorsque les intérêts de l'Europe sont combinés de telle sorte, que le cabinet de Saint-Pétersbourg est peut-être le seul entre les cabinets chrétiens qui ne puisse pas directement favoriser ses coréligionnaires, sans porter ombrage au reste de la Sainte-Alliance, par quelle fatalité faut-il que les gouvernemens dont l'intervention serait toute généreuse, soient précisément ceux-là qui paraissent les plus opposés ou du moins les plus indifférens à la régénération de la Grèce?

La politique serait-elle une science occulte accessible seulement aux yeux ministériels, et à laquelle le bon sens et la raison d'un homme simple mais ami de l'humanité ne puisse rien comprendre? On serait tenté de le croire à la marche suivie par les gouvernemens depuis quelques années, surtout relativement aux affaires de l'Orient. Pour moi, plus j'examine la question qui s'y rattache, plus elle me paraît facile à résoudre, même sous le point de vue purement matériel, et dégagée de toute idée de morale et de justice. Que veut l'Europe, ou plutôt que doit-elle vouloir? Opposer une digue à ce torrent du nord qui menace de tout engloutir... Quels matériaux a-t-elle à mettre en œuvre? La Pologne n'étant plus en son pouvoir, elle ne peut choisir qu'entre la Grèce et la Turquie. Elle doit opter entre une nation qui s'essaie à la vie et une autre qui en sort. La Grèce est faible encore, il est vrai, mais voyez quel essor elle a pris depuis six ans! quelle force, quelle énergie elle a

développé depuis qu'elle a brisé les liens de fer qui la retenaient ca[p]
tive! quelle espérance ne doit pas donner pour l'avenir un peuple do[nt]
les premiers pas dans la carrière ont été marqués par de si grand[es]
choses! C'est l'enfance d'Hercule prédisant ses travaux futurs! La Turqu[ie]
au contraire n'offre plus, aux yeux de l'observateur attentif, qu'un gra[nd]
corps malade, énervé, épuisé par ses propres excès, et joignant à la d[é]
crépitude de la vieillesse toutes les infirmités morales. Qui pourrait [ba]
lancer un instant entre deux puissances qui présentent des contras[tes]
si frappans? Il y a plus : d'après ses principes bien connus, le gouve[r]
nement turc, s'il était puissant (ce qui est désormais impossible) ser[ait]
dangereux pour l'Europe. Il suffirait, pour s'en convaincre, de jeter [un]
regard en arrière. Sa politique n'a pas varié depuis trois siècles : l'A[u]
triche, quoiqu'elle semble l'oublier, doit se rappeler encore les hu[mi]
liations dont elle a été abreuvée par les barbares qu'elle protége aujo[ur]
d'hui; l'étendard du croissant a plus d'une fois flotté sous les rempa[rts]
de Vienne, et ce n'est pas même son courage qui la sauvée. Faib[le]
c'est-à-dire au point où la nature de sa constitution devait nécessai[re]
ment l'amener, l'empire ottoman n'empêchera pas l'émancipation de [la]
Grèce, à moins qu'il ne trouve des auxiliaires parmi les nations civilis[ées]
et chrétiennes. Des milliers de Grecs pourront tomber encore; mais [un]
peu plus tôt, un peu plus tard, l'Hellade sera libre. L'Égypte elle-mê[me]
ne sera pas long-temps sous la domination de la Porte, elle n'atte[nd]
qu'un moment favorable pour proclamer son indépendance, et ce mom[ent]
ne peut être éloigné. Les hommes (je n'ose nommer leur patrie),
hommes, ou plutôt les apostats de la civilisation, qui lui ont été ven[dus]
pour enseigner à ses hordes la discipline et la tactique européenne d[ans]
le but de faciliter l'extermination des Grecs, accélèrent chaque jour, s[ans]
s'en douter, l'événement que nous prédisons. Si donc, une force qu[el]
conque vers l'Orient est nécessaire à l'équilibre continental, l'Euro[pe]
n'est-elle pas entraînée dans son propre intérêt, pour elle seule, à [se]
conder de tout son pouvoir les efforts de la Grèce appelée par sa nat[ure]
et sa position à remplacer un gouvernement qui, comme je l'ai dit, po[rte]

dans son sein le germe de sa destruction. Non-seulement les souverains sont intéressés à ce que la Grèce soit libre, mais il leur importe encore qu'elle occupe le plus d'espace possible dans la carte européenne; il leur importe enfin de hâter l'instant de sa délivrance; car, tant que la lutte entre elle et ses oppresseurs existera et que sa liberté sera mise en question, le repos de l'Europe le sera aussi. La Russie trouvera toujours dans le massacre de ses coréligionnaires un motif généreux pour faire la guerre à la Porte. Heureux alors, si nous ne sommes pas appelés à voir les autres nations civilisées associer leurs drapeaux aux drapeaux des barbares contre le cabinet de Saint-Pétersbourg, et faciliter par cette monstrueuse union l'extermination de ces vieux enfans de Danaüs, de ces Grecs, tristes et malheureux débris de la gloire du monde.

Qu'on y prenne garde, un incendie général menace l'Europe; il sera d'autant plus terrible qu'il aura été plus long-temps comprimé. Des armées formidables n'attendent, sur les bords du Pruth, qu'un chef guerrier et ambitieux pour prendre le chemin de Byzance. Nicolas ne serait peut-être pas éloigné de traiter au sujet de la Moldavie et de la Valachie, et de faire quelques concessions en faveur des Grecs; mais ce qu'il veut aujourd'hui le voudra-t-il demain? Les conseillers des rois ne sont pas inamovibles; plus d'un peuple du moins a besoin de le penser ainsi. L'instant est favorable pour exercer un grand acte de justice et d'humanité : que les gouvernemens le saisissent, il pourrait ne se représenter jamais. Qu'ils abjurent une politique tortueuse et indigne du siècle où nous vivons; au lieu de plaindre tout haut les malheureux Hellènes en favorisant dans l'ombre les projets de la Porte, qu'ils se réunissent franchement pour vouloir que la Grèce soit libre, et elle le sera, sans secousses, sans tirer un seul coup de canon. En rendant à un peuple l'existence civile et politique ils assureront le repos de l'Europe, et enlèveront ainsi à l'autocrate du nord tout espoir d'agrandissement futur.

Les gouvernemens voudraient-ils sacrifier la Grèce, à la crainte de voir l'accroissement successif de sa puissance devenir un jour funeste à leur propre commerce! ce serait sans fondemens. Je demande si l'émancipation des états de l'Amérique a été nuisible à l'Europe? Que deviendraient aujourd'hui nos manufactures si ces peuples étaient encore colonisés? Et cependant ils sont commerçans, ils sont industrieux, et leurs vaisseaux couvrent les mers! Les Anglais eux-mêmes tirent plus d'avantage de leur commerce libre avec la république du nord, que lorsqu'elle languissait sous le joug de la métropole, parce que des besoins inconnus jusqu'alors sont nés de nouveaux échanges de richesses.

Quels biens, sous le rapport commercial, la Grèce depuis sa captivité a-t-elle valu à l'Europe? Aucuns; parce qu'à tout développement d'industrie il faut des consommateurs, et qu'un peuple esclave ne consomme pas; il produit, mais il produit pour ses tyrans. Que la Grèce au contraire s'élance dans la carrière qui s'ouvre devant elle, et l'on verra bientôt, avec l'accroissement de sa prospérité, naître aussi tous les besoins inséparables de la civilisation. Le peuple qui porte aujourd'hui la livrée de la misère, connaîtra demain le luxe de nos villes; et son génie maritime que l'on semble redouter, en lui procurant les moyens de satisfaire ses nouveaux goûts, loin de nous devenir funeste, ouvrira d'utiles débouchés aux produits immenses de nos manufactures. La part que la Grèce pourrait prendre au commerce de l'Orient serait, d'ailleurs, largement compensée par les faciles communications qu'elle offrirait comme puissance intermédiaire entre la Syrie, la Perse, la Georgie et les nations européennes. Pourquoi s'alarmerait-on d'un danger imaginaire? Pourquoi voudrait-on priver la Grèce des bienfaits de l'industrie auxquels tous les peuples sont appelés? Notre siècle n'est pas le siècle des priviléges commerciaux : un système établi sur des bases plus larges et plus conformes à l'intérêt général pénètre peu à peu dans tous les états et remplace le funeste système des prohibitions. L'égalité des droits et la liberté du commerce, voilà ce qu'il faut pour la prospérité du monde. Malheur seulement, malheur aux peuples qui s'arrêteront dans la route de la civilisation, car ils deviendront bientôt à charge à eux-mêmes et aux autres.

On a dit et répété jusqu'à satiété, qu'il ne convenait pas qu'un gouvernement populaire s'établît à l'orient de l'Europe. Je ne veux pas examiner jusqu'à quel point cette opinion est fondée ; mais je l'admets comme vraie, et j'en tire cette conséquence, qu'il est encore, dans ce cas, de l'intérêt des cabinets de secourir les Grecs ; car, si ces infortunés, abandonnés à leurs propres forces, parviennent, comme tout le fait espérer, à s'affranchir du joug de la Porte, de quel droit les rois chrétiens oseraient-ils leur prescrire de renoncer au gouvernement démocratique, pour y substituer une monarchie, alors que ces monarchies n'auraient rien fait pour elle ? Peut-on prétendre aux fruits de la victoire lorsqu'on a refusé de prendre part au combat ? Ira-t-on achever d'égorger le reste des Hellènes, pour les forcer a adopter de nouvelles idées politiques ? Ah ! les malheureux auront trop chèrement acquis le droit de se gouverner à leur manière!..... Nul doute, au contraire, que la Grèce, secourue par l'Europe, ne fut portée par reconnaissance à mettre son gouvernement en harmonie avec les autres puissances du continent. Car ce n'est pas à un sentiment de mutinerie qu'elle obéit en prenant les armes, mais à l'instinct de sa propre conservation. Ce n'est pas la liberté démagogique qu'elle appelle, mais cette liberté qui, en réglant les droits et les devoirs des citoyens, assure leurs propriétés et leurs vies.

La France, plus que toute autre puissance, aurait à gagner à l'affranchissement de la Grèce sous le rapport commercial. Placée en tête de la civilisation, rivalisant avec l'Angleterre pour tous les produits industriels, et l'emportant même sur elle en objets de goût, la France pourrait offrir aux Grecs toutes les choses dont ils sont avides. Les eaux qui entourent les îles de la Grèce baignent nos ports les plus magnifiques, connus et visités par les nations commerçantes de l'Orient, dans un temps où l'Europe languissait encore dans l'ignorance. Les Grecs, il est vrai, sont aujourd'hui misérables et peu nombreux ; mais le commerce peuple et enrichit les empires. C'est par lui que la Grèce s'est soutenue jadis contre ses déchiremens intérieurs, et les attaques des barbares qu'attirait l'espoir du butin. Que la paix et la liberté viennent de nouveau habiter ce malheureux pays et il aura bientôt, à l'ombre d'institutions tutélaires, sinon oublié ses souffrances, du moins repeuplé ses villes et ses campagnes désertes. Voyez les prodiges opérés en Amérique depuis qu'elle a forcé, par leur propre intérêt, les nations à reconnaître son indépendance! quelle attitude imposante elle a prise! quelle accroissement de population! et 40 ans ont suffi pour produire tant de choses qui font chaque jour l'étonnement de quiconque s'occupe des grands intérêts de la civilisation. Un commerce libre, voilà le véritable Cadmus, qui en touchant la terre en fait sortir des générations d'hommes!.... Le même destin, relatif d'ailleurs à la circonscription de son territoire, attend la Grèce. Sa position est des plus heureuses : placée entre l'Asie et l'Europe, elle deviendra l'entrepôt général des richesses propres à ces deux grandes parties de l'ancien monde. Ses mœurs, sa religion, ses habitudes la font rentrer dans la grande famille de la civilisation. C'est de l'Europe qu'elle tirera naturellement tout ce dont elle aura besoin, et la France est à ses portes pour lui offrir les objets d'arts, de sciences, de littérature, d'industrie, de luxe même, qui lui deviendront chaque jour plus indispensables. Et si, comme on en conçoit l'espoir, les Anglais parviennent à ouvrir des communications avec l'Inde par la mer Rouge, la nation Grecque acquerrera par la suite une plus grande importance aux yeux de l'Europe, dont elle fera facilement circuler les produits jusqu'au delà des rives du Gange.

Depuis quelques années la France a fait connaître aux hommes qui la gouvernent la nécessité de conclure des traités de commerce avec les états qui s'élèvent dans le Nouveau-Monde : ses vœux, jusqu'ici n'ont point été exaucés. Ce serait une bonne fortune pour elle, dans un temps où ses manufactures languissent, de trouver dans la régénération de la Grèce un moyen d'écouler ses produits industriels, produits qui paraissent de plus en plus devoir dépasser les besoins de la consommation. Dans quel état d'angoisse la cessation momentanée de son exportation dans l'Amérique du nord, n'a-t-elle pas plongé la seconde ville du royaume? Nous avons été témoins de la profonde misère de cette classe si laborieuse et si intéressante qui, de ses réduits enfumés fait sortir chaque jour des tissus étonnans par la beauté de l'exécution et l'éclat des couleurs; elle mérite bien un regard de bienveillance de la part du gouvernement. Si quelque chose peut nous consoler du spectacle affligeant qui nous a été offert, ce sont les efforts généreux qu'on a faits pour secourir ces malheureux sans pain, et les moyens ingénieux employés pour multiplier les bienfaits. Ce sont les arts qu'on a fait concourir à cet acte d'humanité; et par un rapprochement tout entier dans mon sujet et cent fois plus éloquent que mes paroles, par un rapprochement bien digne de cette noble cité, bien digne de la France, les Lyonnais ont voulu, dans leur sollicitude, réunir deux grandes infortunes; il semble qu'en partageant leurs offrandes entre les ouvriers sans travail et les Grecs qu'on égorge, ils aient dit aux premiers : « C'est en votre nom que nous secourons les chrétiens de l'Orient; mais ce tribut qui est un don pour la Grèce esclave, est une dette pour la Grèce libre et commerçante; c'est elle qui se charge de l'acquitter un jour envers vos enfans. »

Je n'ajouterai qu'un mot à tout ce qui précède. Les Grecs qui depuis six ans luttent contre leurs tyrans avec toute l'énergie que donne le désespoir, et qui, loin d'être effrayés ou abattus par le nombre de leurs ennemis de toute espèce, puisent dans leurs revers une nouvelle force et un nouveau courage; les Grecs, dis-je, ont laissé aux rois chrétiens le temps de se convaincre que l'événement prédit par Bacon, Montesquieu, Leibnitz, etc., est enfin arrivé. Le 19e siècle les verra libres. La Turquie n'est plus que l'ombre d'elle-même : on ne la reconnaît qu'à ses mœurs, qu'à sa politique toujours barbare et féroce. Elle semble plutôt reculer qu'avancer dans la route que les autres peuples se disputent la gloire de parcourir. La Grèce, au contraire, quoique courbée sous un joug de fer (et c'est ici que l'on peut apprécier le génie des deux nations), a pris part à toutes les conquêtes de l'esprit humain. Les lettres, les arts, les sciences y font chaque jour de rapides progrès; et, chose bien remarquable, la méthode si ingénieuse de l'enseignement mutuel repoussée parmi nous était pratiquée dans la ville d'Athènes vers le milieu du 17e siècle, où le Didascalos instruisait quelques enfans (1). Que l'on réfléchisse d'ailleurs que, privée des élémens indispensables à l'émancipation d'un peuple, sans armes, sans argent, pressée par la famine, dénuée de tout enfin, la Grèce, au milieu d'une guerre à mort, a organisé un gouvernement, fait des lois, créé des armées de terre et de mer. Pour expliquer ce phénomène politique, il faut certes bien admettre que la révolution morale était faite depuis long-temps. La Grèce, quoiqu'elle le désirât, n'a pas choisi l'instant de son émancipation; elle se fut montrée plus prudente : mais le gouvernement turc la hâté par ses atrocités; il croyait n'avoir à égorger que des esclaves sans défense, et il a eu à combattre des hommes libres auxquels le désespoir a donné des armes. Ah! si le génie est de tous les climats, on serait tenté de croire que la Grèce est sa terre natale, en voyant celui des Hellènes résister à plus de 300 ans d'esclavage et d'abrutissement! C'est en vain que l'on calomnie lâchement ce peuple infortuné, il se réhabilite aux yeux des nations, il sort héroïquement de ses cendres : c'est parmi les pâtres de la Selléide que Léonidas trouve des successeurs, et les pécheurs de la Morée ont appris aux barbares musulmans que la Grèce pouvait enfanter de nouveaux Thémistocles!

Ici se termine ce que j'avais à dire sur la politique générale et particulière de l'Europe, envisagée dans ses rapports avec l'indépendance de la Grèce. J'ai essayé de passer en revue les considérations diplomatiques qui s'y rattachent, persuadé que celles-là sont les plus puissantes sur les hommes appelés à gouverner les peuples. S'il existait encore à ce sujet quelques questions importantes à soulever, elles tiennent à un ordre de choses trop élevé pour nous; elles échappent à l'investigation de l'homme privé.

Je n'ose toutefois me flatter d'avoir, dans quelques pages, développé convenablement les raisons d'état qui devraient désormais assurer le destin de la Grèce. Il faudrait une plume plus exercée que la mienne, et

____

(1) Voy. *Essai historique sur l'état de la Grèce*, par M. Villemain, p. 263.

l'expérience, fruit de longues méditations sur les intérêts politiques et la balance des pouvoirs, pour ne rien laisser à désirer sur une matière qui, par son importance et son étendue, nécessiterait des volumes. Mais si j'avais seulement approché du but, je pourrais dès ce moment considérer ma tâche comme remplie, car c'est là, et là seulement, qu'est le salut des Grecs.

Serait-il nécessaire, en effet, dans une question où tous les sentimens généreux sont d'accord avec la politique, de redire ici des malheurs qui retentissent de toute part? Serais-je forcé de rappeler à l'Europe les nobles devoirs qui lui sont imposés par la civilisation et le christianisme, et feindrait-elle encore d'ignorer à quels titres les Grecs implorent son appui? Après avoir accepté les bienfaits laisserait-elle, foulant aux pieds les saints droits de la reconnaissance, mutiler impitoyablement la main dont elle les reçut? Que les peuples jettent un regard sur la Grèce moderne, qu'ils l'envisagent un instant sous toutes ses faces, et si le tableau dont ils seront frappés, tout en les soulevant d'indignation, n'excite pas leur pitié, renonçons désormais à tout sentiment humain.

Oh! qu'elles sont terribles les traces que la tyrannie laisse sur son passage! qu'elles sont profondes les plaies que la Grèce a besoin de cicatriser!

Semblable au vent brûlant du désert qui flétrit et consume tout ce qu'il approche, ton souffle, ô servitude, est mortel pour quiconque le respire! Ta main de fer renverse les empires, décime les peuples, anéantit les constitutions, les mœurs, les arts, l'agriculture, le commerce. Des ruines, des tombeaux, voilà ton domaine : des êtres abjects, déchus de leur qualité d'homme, baissant péniblement vers la terre des yeux ternis par la douleur, qu'ils n'osent plus élever vers les cieux, voilà tes sujets. Cette Grèce que la liberté avait fait si puissante et si belle, où est-elle? Cette terre antique et sacrée, fertilisée par le génie de la civilisation, qu'est-elle devenue? Je la cherche et je n'aperçois autour de moi que des champs stériles et sauvages, Je crois admirer encore ces monumens, ces trophées élevés à la gloire des héros qui ont si souvent enflammé ma jeune imagination, et des ruines frappent mes regards. Je cherche à découvrir dans les airs les dômes majestueux de ces chefs-d'œuvre d'architecture qui faisaient jadis l'admiration de l'univers, et mon pied heurte tout-à-coup leurs débris dispersés et ensevelis sous la poussière.

Le deuil et la mort planant sur la Grèce entière, et l'enveloppant comme dans un vaste réseau; l'écho n'interrompant le silence profond des vallées que pour répéter des cris de détresse, auxquels se mêle le bruit des fers rivés par une main barbare; des villes détruites par le fer et par le feu; des villages abandonnés, des campagnes désertes, où errent çà et là, des femmes, des enfans couverts des haillons de la misère; de malheureux Grecs expirant sous le bâton d'un ignoble Aga, ou chassés de leurs demeures, sans savoir sous quel ciel porter leurs pas, et rencontrant jusques dans les déserts de l'Arabie des pachas, des cadis et des chaînes: voilà, ô servitude! l'épouvantable cortége qui accompagne tes pas! voilà l'abîme où la Grèce a été engloutie pendant 400 ans! voilà les maux produits par cette domination musulmane qui, depuis la prise et le massacre de Constantinople, s'éleva graduellement sur les ruines des villes florissantes de la Grèce.

Hélas! ce fut alors que quelques fugitifs illustres, pleurant leur patrie ravagée, emportant les titres, les sciences et les arts (seuls biens qui ne leur fussent pas enviés par leurs oppresseurs), vinrent nous léguer avec ces fruits de la civilisation le soin de leur vengeance... Ils l'attendaient du moins.... Ils l'attendent encore.... Des siècles ont passés sur ce bouleversement politique; chaque jour a vu les Grecs plus malheureux et plus abrutis sous un gouvernement dont le principe est la terreur, et l'Europe est restée muette! et sa dette n'est pas payée!...

Je n'ai ni le courage ni la volonté de retracer ici tout ce que les Grecs ont souffert depuis leur asservissement. La domination musulmane est en tout temps féconde en sanglantes catastrophes, et pour exciter la pitié de l'Europe il n'est pas nécessaire de remonter au 15e siècle. Ne suffit-il pas, en effet, de se rappeler les horreurs commises par les Turcs depuis quelques années? Elles sont encore présentes à toutes les mémoires les scènes tragiques qui ont précédé et suivi la capitulation de la Selléide, capitulation indignement violée lorsque ces infortunés habitans eurent livré leurs montagnes. On n'a pas oublié les noyades des chrétiens, sous le palais du satrape de Janina, ni le généreux désespoir des femmes de Souli, se précipitant elles et leurs enfans au fond d'un abîme pour échapper à l'opprobre qui les attendait... Vous êtes là, massacre des Kardikiates, assassinat des otages; champs dévastés de l'Attique et du Péloponèse; vous êtes là, ruines fumantes de Kidonia, de Scio, d'Ipsara; bûchers sur lesquels expiraient à la fois les enfans et les mères, les vestales et les pontifes, vous êtes là pour attester si les Grecs ont a combattre des hommes ou des tigres sortis des déserts de la Libie. Pendant six jours, dit M. de Pouqueville (1), en parlant de la capitulation de l'ancienne Épire, les exécutions se succédèrent à la lueur des incendies qui dévoraient les villages de la Selléide : on ne vit que gibets, pals et supplices de toute espèce. On versait à quelques-uns de la poudre dans les oreilles à laquelle on mettait le feu. Les femmes étaient précipitées du haut des mornes dans les abîmes de l'Achéron. Les enfans étaient vendus à l'encan, et les débris de la population souliote traînée en triomphe à Janina, furent livrés aux caprices d'une soldatesque en fureur qui se repaissait du supplice des vierges et des martyrs. Voilà quelques-unes des horreurs qui, portant au dernier degré le désespoir des Grecs, leur fit enfin comprendre qu'avec un pareil peuple il fallait vaincre ou mourir.

Quel est le chrétien, quel est l'homme, fût-il mahométan, s'il porte un cœur humain, qui en lisant les pages sanglantes de l'histoire de la Grèce, osât la condamner de soulever ses chaînes et de les briser contre ses tyrans? Si quelque chose m'étonne c'est sa résignation à souffrir pendant trois ou quatre cents ans; mais, hélas! le despotisme et l'ignorance flétrissent, à la longue, les cœurs les plus généreux. Les institutions du peuple le plus célèbre de la terre, n'ont pu résister à cette fatale influence de tous les instans. Les lois, les mœurs, les arts, tout a été englouti dans ce naufrage politique; une seule planche de salut lui est restée, la reli-

_____
(1) *Histoire de la régénération de la Grèce.*

gion. Cette religion sainte, qui porte avec elle le flambeau de la vérité, les consolations des maux présens et l'espérance d'une vie future. C'est le christianisme, qui, remplaçant les liens politiques brisés par une main barbare, est devenu pour les Grecs la chaîne d'union contre laquelle sont venus échouer tous les efforts du fanatisme mahométan.

Du moment que le divan eut conçut le projet d'extirper le christianisme des provinces de l'Orient, et qu'on y préluda par l'exécution d'une foule de chrétien; que le patriarche Grégoire fut pendu aux portes de l'église métropolitaine, et son corps traîné dans la fange; que le saint synode fut mis à mort et le fanal brûlé; alors, tout ce qui restait de sang dans le cœur des infortunés Hellènes se souleva. Un cri terrible, celui du désespoir, parti du sein de la Grèce, trouva partout des échos. La religion, triomphant de tous les obstacles, fit de chaque esclave un citoyen, et chaque citoyen devint bientôt un héros. Les Hellènes ont pu tout sacrifier à leurs infâmes oppresseurs, leurs biens, leur liberté même; mais leur foi n'a pu être ébranlée, et du moment qu'on leur présenta la mort ou l'apostasie, le choix ne fut plus douteux. Et ce sont de tels hommes qu'on abandonnerait, sans honte et sans remords, au cimeterre musulman! En voyant depuis six ans, ces malheureux soumis à l'alternative de prendre le turban ou de mourir martyrs, on se demande avec amertume si l'Europe est encore chrétienne. Eh quoi! c'est au moment où l'on fait retentir de toute part les mots de morale et de religion, c'est au moment ou d'éloquens et quelquefois trop zélés missionnaires, foudroient du haut de la chaire l'indifférence et l'athéisme; c'est alors, dis-je, que des chrétiens tombent sous le fer des barbares, sans qu'aucune puissance réponde à leurs cris de détresse! Que doivent donc, grand dieu! souffrir les Grecs pour exciter la pitié du monde civilisé! La religion ne serait-elle qu'un vain mot dans la bouche des princes de la terre; en la prêchant à leurs sujets, voudraient-ils fouler aux pieds les nobles devoirs qu'elle impose? La pitié, la charité ne seraient-elles plus comptées parmi les vertus des rois? Non, l'Europe n'est pas chrétienne, si elle laisse s'accomplir l'œuvre de l'extermination des disciples du Christ; non, l'Europe n'est pas civilisée, si elle permet que la Grèce, berceau des arts et des sciences, demeure veuve de ses enfans. Que dirait-on de l'homme qui verrait froidement égorger devant lui, le faible par le puissant, alors que sans danger, sans compromettre son existence, un seul mot, un seul geste suffirait pour sauver la victime innocente? Il serait plus criminel que l'assassin, car il n'aurait pas même pour excuse l'emportement de la passion. Dans tous les Codes de morale, celui-là est coupable qui n'empêche pas de commettre le crime lorsqu'il en a le pouvoir. Ce qui est vrai d'individu à individu, l'est aussi de nation à nation : il y a parité. Oui, l'Europe au 19me siècle, sera barbare, inhumaine aux yeux de la postérité, si les Grecs succombent! Que la Sainte-Alliance mérite ce nom de sainte, en embrassant la cause sacrée des Hellènes, qui est celle de la justice et de l'humanité : qu'elle ne se calomnie pas elle-même en comparant la légitimité de sa puissance à l'épouvantable illégitimité des bourreaux héréditaires de la Grèce. Les peuples hâtent de tous leurs vœux la délivrance des héroïques défenseurs de la croix, mais que peuvent-ils si les dépositaires du pouvoir ne secondent pas, ou paralysent même, ces sentimens philantropiques ? C'est aux hommes appelés à la tête des gouvernemens à tendre aux Grecs une main secourable, et à mettre un terme à ces scènes dégoûtantes qui font rougir la pudeur et révoltent la nature. Gelon, vainqueur, n'imposait à Carthage, pour prix de sa victoire, que la cessation des sacrifices de sang humain. Gelon était païen, et les rois chrétiens n'imposeraient pas de semblables conditions à cette nation féroce, qui chaque jour immole des victimes aux dieux de la haine et de la vengeance, dieux bien plus terribles et bien plus insatiables que les idoles des Carthaginois !

Je sais que pour justifier la chrétienté de sa coupable inertie, on accuse les Grecs d'être fourbes et cruels ; mais fait-on attention qu'ils sortent à peine du plus affreux esclavage qui ait jamais pesé sur l'humanité, et que l'homme de mœurs les plus douces est à la fin aigri par le malheur, surtout lorsqu'il voit ses persécuteurs se repaître du spectacle de ses souffrances? Fait-on attention que les Turcs, par leurs exemples sans nombre, ont pris soin d'absoudre les Grecs de quelques représailles, suite funeste, mais indispensable de l'exaspération à laquelle on les a portés? N'exigeons pas des masses ce qui ne peut être que le partage de quelques individus élevés au-dessus des passions. Ah! si un peuple brisant ses fers, après 400 ans de torture, restait calme et tranquille, en présence de ses bourreaux même désarmés, il faudrait lui dresser des autels : il ne serait pas de ce monde !

On les accuse encore de se livrer au pillage et à la piraterie, sans examiner que le plus grand nombre est étranger à ces désordres, et que le gouvernement fait tous ses efforts pour les réprimer. On ne veut pas voir que la Grèce, ravagée dans tous les sens par les hordes asiatiques, n'offre plus à ses habitans que des champs stériles. Les bras qui devaient la fertiliser sont occupés à la défendre. Si quelques malheureux, pour échapper aux angoisses de la faim, cherchent à se procurer leur subsistance par des moyens que réprouvent la morale ou la loi des nations, on doit les plaindre, ou leur donner du pain avant de les accuser. Ah! si nous voulions récriminer au nom des Hellènes, quelle terrible accusation ne pourrions-nous pas, à notre tour, porter contre l'Europe !... Mais imitons la Grèce, qui se tait, souffre et combat. Puissent du moins les cabinets comprendre son silence, et lui faire oublier les maux que leur hostile neutralité lui a causés !

Ce serait en vain qu'on opposerait un jour aux murmures de la conscience du genre humain, les calculs d'une froide politique. La politique si elle n'est pas une science fausse ou dangereuse, doit toujours être d'accord avec la justice et l'humanité. Les gouvernemens n'ont sans doute pas besoin d'antécédens, pour se déterminer à embrasser la cause des Hellènes ; mais s'ils voulaient se faire absoudre par l'histoire, qu'ils la consultent, elle leur offrira plus d'un mémorable exemple à suivre. Combien de fois depuis la noble et malheureuse expédition de Charles VIII, qui, croyant déjà soustraire les Grecs au joug des infidèles, avait pris d'avance le titre d'empereur d'Orient, n'a-t-on pas vu les drapeaux de l'Europe réunis contre le croissant? Combien de fois les flottes vénitiennes n'ont-elles pas poursuivi et attaqué les escadres turques jusque dans le détroit des Dardanelles? Les pontifes de Rome n'ont pas été les derniers à offrir dans ces circonstances, des subsides et des soldats (1). Ce n'est donc pas le schisme des Grecs qui est cause de leur abandon. Mais soit qu'alors l'empire turc fût dans toute sa force, soit que ces guerres fussent entreprises au profit de trop d'intérêts divers, l'Europe échoua dans le projet d'arracher les Grecs à la domination mulsumane. Aujourd'hui tout est changé, tout favoriserait les intentions bienveillantes des monarques. La Turquie est affaiblie, la Grèce entière est en armes, et la plus faible partie des efforts dirigés autrefois inutilement contre la Porte, suffirait pour sauver les chrétiens de l'Orient. Faut-il encore rappeler ici la fameuse expédition de Candie, sous le règne du Grand-Roi, où l'on vit tout ce que la France avait de plus vaillant et de plus noble, s'unir aux Allemands et aux Italiens, pour combattre les infidèles? Dois-je enfin offrir à la méditation de nos hommes d'Etat, le bombardement d'Alger, pour la délivrance des esclaves chrétiens ! Ces entreprises quoique en apparence toutes généreuses, avaient aussi leur côté politique : elles ont été grandement utiles au commerce et à la navigation. La Grèce, aux mêmes titres, ne peut-elle pas prétendre aux mêmes bienfaits ? Les gouvernemens voudraient-ils enfin recourir à ce principe de droit public professé dans ces temps modernes, qu'il n'est pas permis d'intervenir dans les affaires intérieures des autres Etats ? Mais Naples, Madrid et Lisbonne même, dans un sens qui nous est favorable, répondraient à ces vains subterfuges ; et certes, si jamais infraction n'eût été faite au principe que je viens de rappeler, il faudrait se hâter de créer une exception en faveur de la Grèce. Je crains de me livrer aux réflexions pénibles qui m'assiégent ; mais serait-ce parce que la cause des Hellènes est toute populaire, et qu'elle se rattache à une question de vie ou de mort, d'apostasie ou de martyre, que les rois la jugeraient indigne de leur pitié ? Ah! dans ce cas, la leçon serait aussi pénible, que les fruits pourraient en être amers !

(1) *Histoire de la république de Venise*, par M. le comte Daru.

« Tout est bien dans les affaires humaines, dit le célèbre auteur du
« Génie du Christianisme, quand les gouvernemens se mettent à la tête
« des peuples et les devancent dans la carrière que ces peuples sont
« appelés à parcourir. Tout est mal dans les affaires humaines, quand
« les gouvernemens se laissent traîner par les peuples, et résistent aux
« progrès, comme aux besoins de la civilisation croissante. Les lumières
« étant alors déplacées, l'intelligence supérieure se trouvant dans celui
« qui obéit, au lieu d'être dans celui qui commande, il y a perturbation
« dans l'Etat (1). »

Ces paroles n'ont pas besoin d'être suivies de réflexions. Depuis six
ans, le vœu général du monde civilisé pousse les gouvernemens vers
l'Orient, et depuis six ans les gouvernemens restent immobiles specta-
teurs de la destruction de la Grèce. Il semble qu'ils aient fait un pacte
avec la mort pour lui laisser dévorer paisiblement une population chrétienne. Est-ce la crainte de la guerre qui les arrête ? Je le répète, il serait
temps encore de se placer entre les victimes et les bourreaux, sans rom-
pre ouvertement avec la Porte. Dans un siècle si fécond en *ultimatum*
je me trompe fort ou la Turquie serait assez prudente pour accepter
celui qui lui serait offert au nom de tous les monarques chrétiens. Mais
fallût-il en venir à une intervention armée, devrait-on balancer un instant ? Tant de guerres ont été entreprises dans des intérêts privés, ou
pour satisfaire quelques vengeances, quelques ambitions ; tant de sang a
coulé en dépit des nations, qu'il y a de la maladresse à se montrer si
prudent, lorsqu'il s'agit d'une guerre sainte et sacrée que la justice ap-
prouve, que l'humanité et la charité commandent, et que les peuples
appellent de tous leurs vœux. Je ne craindrais pas d'être démenti par
l'événement, en assurant que le jour où les cabinets proclameraient la
Grèce libre et indépendante, ce jour serait salué des acclamations de
l'Europe entière. Il n'est pas un soldat qui, fidèle à son prince et à sa
patrie, ne voulût aussi verser son sang pour les héroïques Hellènes.

(1) Note sur la Grèce, par M. de Châteaubriand.

Successeurs de Fénélon et de Bossuet, c'est à vous que je m'adresse! Chef suprême de l'Eglise, pontife couronné, c'est vers vous que s'élève ma dernière prière! C'est à vous tous, enfin, si les considérations humaines sont sans force à faire entendre la voix de la religion et de la charité! Voyez vos frères d'Orient vous tendre une main suppliante, mutilée par le fer des infidèles. Que leurs prières trouvent sensibles les ministres d'un dieu de bonté! Oh! qu'il serait beau de voir la puissance spirituelle, imposant silence à la calomnie, chercher à n'exercer de l'influence sur les grands de la terre, que pour secourir l'infortune et le malheur! Jadis la chrétienté se croisa pour aller conquérir sur les Sarrazins quelques lieues de terrain inculte et sauvage, ne fera-t-elle rien pour un peuple chrétien, haletant sous le fer des bourreaux? L'Eglise de Rome refuserait-elle son appui à celle d'Orient, sous le vain prétexte qu'elle diffère d'opinion sur un point de doctrine évangélique? La haine des sectes religieuses ne doit-elle pas disparaître devant la charité première des vertus aux yeux du fils de Dieu fait homme? Préférerait-on à des chrétiens libres, des chrétiens apostats?... Non, je ne puis le croire, dans un temps où l'Europe fait tant d'efforts pour raffermir les saintes croyances affaiblies pendant les orages d'une longue et cruelle révolution; dans un temps où l'on proclame des lois de mort contre le sacrilége, on ne verra pas sans pitié les prêtres égorgés sur les marches des autels, les crois abattues, une race entière enfin, mourir martyre de la foi de Jésus-Christ.

Quel épouvantable sujet d'étonnement cette inconséquence morale offrirait à la postérité! Ah! si l'on veut faire de nous des hommes religieux, que ce ne soit pas par de vaines déclamations; que l'application se trouve à côté du précepte, que la chrétienté n'assiste pas immobile et glacée aux funérailles de six millions de chrétiens! Depuis quand les masses n'ont-elles plus besoin d'exemples pour se conduire? n'est-ce plus par imitation qu'elles se dirigent vers le vice ou vers la vertu? Ah! si le scepticisme ou l'indifférence en matière de religion n'existaient pas, quel autre contraste que celui que je signale serait plus propre à les enfanter? Comme chrétien, comme homme, comme citoyen, ma raison se révolte, ou plutôt elle est anéantie devant tout ce que je vois, et je m'écrie : Ministres du Seigneur, descendez de la chaire apostolique, abandonnez vos temples... Philosophes, législateurs, déchirez les pages désormais inutiles de vos Codes immortels; grands de la terre, princes, rois, potentats appelés à régir les empires et à surveiller l'éducation civile et morale des peuples, ne leur demandez plus d'être humains, justes, bons, généreux et chrétiens, ou prévenez cette réponse : « Les « Grecs ont succombés!!! »

Ah! si l'Europe, jetant un regard en arrière, remontait un instant à la source des biens dont elle se glorifie; si la reconnaissance ingénieusement définie, la mémoire du cœur, par un de ces hommes (1) qui doivent presque toute leur existence aux progrès des lumières, si la reconnaissance, dis-je, était la vertu des nations comme elle est celle des individus, libres à ce seul titre, les Grecs n'imploreraient pas aujourd'hui la pitié du monde! Le monde!.... il était esclave quand la Grèce déjà brillante de splendeur s'offrait aux malheureux humains comme un phare immense propre à les guider dans la route ténébreuse qu'ils s'efforçaient de parcourir! Le monde!.... il était barbare alors que la Grèce, parvenue au faîte de la civilisation, s'arrêtait comme accablée sous le poids de sa grandeur, de ses vertus et de sa gloire! Oh! quel sujet d'étonnement pour moi, quel sentiment d'admiration j'éprouve, quel éclat vient frapper mes yeux, lorsque j'interroge l'histoire de cette race de demi-dieux célébrée par Homère! je me transporte à ces premiers âges; je m'identifie avec ces héros qui ont séduit ma jeunesse. Là, j'assiste aux jeux, aux fêtes olympiques; je suis les chars roulant dans la carrière, et je vois le plus brave abaisser son front victorieux devant la beauté qui le couronne. Ici, sur des tables de marbre de Paros, je lis inscrites les lois immortelles que Solon dicta pour la superbe Athènes. Ailleurs, je cherche celles de

(1) M. Massieu, sourd-muet, élève de M. Sicard, définit la reconnaissance, la mémoire du cœur, comme il définit les sens, des *porte-idées;* et l'éternité, un jour sans hier ni demain.

Lycurgue, et je les trouve gravées en traits ineffaçables dans les mœurs des Lacédémoniens. Je cours à ces assemblées populaires, si souvent orageuses, mais tirant de l'exaltation même de leurs sentimens, la force et l'énergie causes premières de leur indépendance. Là, comme partout il est vrai, les passions, les intérêts sont en présence, s'agitent ; mais presque toujours je vois la justice, la raison et les talens modestes, triompher de l'ambition que n'accompagne pas la vertu. Si je quitte l'enceinte des villes pour le tumulte des camps, j'y suis attendu par un spectacle plus imposant encore. Ici, j'aperçois Miltiade tout couvert des lauriers de Marathon. Là, des sommets de l'Olympe, du Pélion et d'Ossa, qui me rappellent les efforts des géans escaladant les cieux, je découvre les éternelles Thermopyles ; je suis témoin de ce combat fameux, où des montagnes mobiles d'esclaves viennent se briser contre trois cents Spartiates, animés du souffle de l'indépendance. J'entends encore retentir à mon oreille ces mots terribles : « Mort aux oppresseurs! » l'écho les répète jusqu'aux rives de Salamine, où, le même jour, Thémistocle disperse et met en fuite la flotte des barbares, glacés de terreur en voyant les flots qu'ils voulaient enchaîner se rougir de leur sang.... Ailleurs enfin, un même soleil éclaire aussi d'autres merveilles : quelle est cette voix prophétique qui, franchissant la mer Égée, porte aux restes de la flotte des Perses, incendiée près de Mycale, la défaite de Mardonius à Platée ? c'est celle du génie de la Grèce qui, s'élevant ensuite sur ses ailes rapides, annonce à l'univers que la terre des héros n'est plus souillée par la présence de l'étranger. Partout les palmes du génie des arts et des sciences s'unissent, s'entrelacent aux lauriers de la victoire. Tantôt j'écoute avec ravissement les sublimes leçons de Socrate et de Platon, et je m'élance avec eux vers les régions célestes... Tantôt au milieu d'une foule immense qui se presse, se heurte et s'agite, je me sens entraîné par l'éloquence d'un Démosthène, apaisant ou dirigeant les passions des Athéniens, aussi facilement que Neptune calme ou soulève les vagues de la mer.... Tout est vie, mouvement, force, énergie autour de moi : le marbre s'arrondit, s'anime sous le ciseau de Praxitèle et de Phidias. La toile prend une forme, un corps, une âme sous le pinceau de Zeuxis ou d'Apelles. Le génie de la création préside au milieu de la Grèce. Des ports, des monumens, des temples, des cités entières semblent, comme par enchantement, sortir du sein de la terre à la voix d'un nouvel Amphion. Je vois enfin un peuple de matelots faire blanchir les flots amers sous les coups redoublés de ses rames, et porter les richesses de l'Orient à cette Europe barbare, qui, plus tard civilisée, méconnaîtra peut-être ses bienfaiteurs.... Guerriers, philosophes, législateurs, poètes, artistes, répondez : n'est-ce pas sur ce sol aujourd'hui ravagé que vous avez puisé vos modèles? Le peuple grec ne s'offre-t-il pas à vos yeux comme le précepteur du genre humain? Si la civilisation est le sublime héritage que la Grèce en tombant sous les coups des barbares a légué à l'Europe, ce bien précieux ne doit-il pas lui être restitué aujourd'hui qu'elle renaît de ses cendres? ne doit-il pas lui être restitué avec l'indépendance et la liberté qui en sont inséparables? Oui, une autre ère luit enfin sur les Grecs. Le 19e siècle a marqué leur délivrance : ils sortiront vainqueurs de leur terrible lutte contre l'empire ottoman, ou ils s'enseveliront sous les ruines de leur pays. Rien désormais ne peut les faire rentrer sous le joug qu'ils ont brisé. Une nation nouvelle surgit tout-à-coup au milieu de l'Europe et secoue la poussière des tombeaux; elle a déjà pris place parmi nous; mais, faible et malheureuse encore, c'est de la chrétienté qu'elle attend un généreux secours pour assurer son existence.

O France! ô ma patrie! toi qui tiens le premier rang parmi les nations civilisées; toi qui es illustrée par tout ce qu'il y a de grand et de généreux, toi qu'on a vu se précipiter dans toutes les entreprises où l'honneur et les infortunes t'appelaient; ô France! te laisseras-tu ravir un de tes plus beaux titres de gloire, celui de protectrice de l'opprimé! ne serviras-tu pas d'exemple au monde chrétien comme tu sers de modèle au monde savant? Ah! espérons que le monarque qui préside à nos destinées consolera les mânes affligées du saint roi que Jérusalem pleure encore, en rattachant l'époque de la restauration des lys à celle du labarum des Grecs!

Je parcours les annales de l'histoire, j'interroge tous les souvenirs; j'examine la position civile et morale des peuples qui ont tour à tour été vainqueurs ou vaincus, oppresseurs ou opprimés, et je n'aperçois nulle part d'infortune comparable à celle des Grecs. Mais si leur malheur est sans exemple, jamais non plus d'aussi puissans motifs d'intérêt ne furent offerts à la pitié du monde. Tout ce qui est fait pour émouvoir des êtres réunis en société, tous les sentimens généreux, tout ce qu'il y a de saint et sacré parmi les hommes leur crie : sauvez les Grecs! Sauvez les Grecs, leur crie la politique, ou craignez l'embrasement de l'Europe et la domination de l'empire du nord! Sauvez les Grecs, leur crie une religion d'amour et de charité, ou craignez que vos actions ne fassent oublier vos paroles! Sauvez les Grecs, leur crie le génie en deuil des arts et des sciences, ou tremblez que devançant les âges, l'histoire armée de son inflexible burin ne voue, dès ce moment, votre mémoire à l'exécration de la postérité la plus reculée!... Mais, non, j'aime à le croire, cet appel à la chrétienté ne sera pas fait en vain. Si la justice et la morale ne sont point bannies du conseil des rois, si l'honneur fait encore une partie de la force des nations; si la nature humaine enfin n'a point été altérée par la civilisation, Grecs, séchez vos larmes, l'indépendance vous attend! Eh! qui oserait vous disputer le droit d'y prétendre? quelles voix accusatrices oseraient vous juger indignes de ce bienfait? S'il en était, pour les confondre, je vous évoquerais ombres d'Athanase, de Conthogones, d'Alostros et de tant de guerriers qui, les premiers, avaient, sur les bords du Pruth et du Zizias, donné l'exemple du dévouement à la patrie! Je vous évoquerais, mânes illustres de Botzaris et de ses compagnons, qui, nouveaux Spartiates, avez teint les Thermopyles du sang de nouveaux barbares! Et vous, intrépides défenseurs de Missolonghi, vous qui avez égalé et surpassé peut-être tout ce que les temps anciens et modernes offrent à l'admiration des hommes; vous êtes tombés avec les murs sacrés que vous aviez juré de défendre et que l'histoire relèvera un jour pour les placer à côté de ceux d'Illium et de Sagonte; vous êtes tombés, mais vos ossemens dispersés sur le rivage de la mer attesteront à la postérité que le peuple que vous représentiez si héroïquement est digne de la liberté!!!

Mais, ô Grecs! si cette liberté, après laquelle vous soupirez depuis si long-temps, devient enfin votre partage, ayez toujours présent à la mémoire l'exemple de vos pères, oubliez leurs erreurs pour ne vous rappeler que leurs vertus, et souvenez-vous qu'en morale comme en politique il est plus difficile de conserver que de conquérir.

FIN.